Highlights Hidden Pictures Eagle-Eye

똑똑해지는 NEW 숨은그림찾기 1
시계

KB026128

아라미

이렇게 활용하세요!

숨은그림찾기의 세계로 오신 것을 환영합니다.
그림 속에 숨은 그림을 찾으며 즐거운 시간을 보내세요!

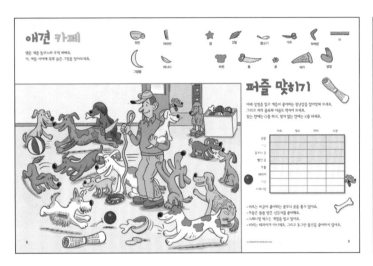

숨은그림찾기를 하면서 관찰력, 주의력, 집중력을 키워요.

퍼즐 맞히기, 생각해 보세요를 하면서 사고력이 자라요.

숨은 그림에 스티커 붙이고 색칠하기, 내가 직접 만드는
숨은그림찾기 등의 활동을 통해 창의력과 상상력이 쑥쑥 자라요.

숨은그림찾기 이래서 좋아요!

- 숨은 그림을 찾으면서 주의력과 집중력이 자랍니다.
- 하나하나 세밀하게 살피는 관찰력을 키워 줍니다.
- 숨은 그림을 다 찾으려면 인내와 끈기가 필요합니다.
- 높은 성취감과 성실한 학습 태도를 길러 줍니다.

Highlights
Eagle-Eye
Hidden Pictures

차례

12쪽에서
이 그림을 찾아보세요.

10쪽에서
이 그림을 찾아보세요.

26쪽에서
이 그림을 찾아보세요.

COVER ILLUSTRATED BY JEF CZEKAJ

선물 포장

사람들이 선물 포장을 하고 있어요. 이 가게에서 숨은 그림을 찾아보세요.

그믐달
crescent moon

장갑
glove

지팡이
cane

피자
pizza

팝콘
popcorn

도넛
doughnut

자
ruler

편지봉투
envelope

지렁이
worm

머핀
muffin

하키스틱
hockey stick

물고기
fish

양말
sock

연
kite

밀방망이
rolling pin

정원 가꾸기 스티커 색칠하기

코끼리가 코로 정원을 가꾸고, 물을 주고 있어요.
숨은 그림을 찾아 스티커를 붙인 후 예쁘게 색칠하세요.

7

애견 카페

댄은 개를 돌보느라 무척 바빠요.
자, 개들 사이에 꼭꼭 숨은 그림을 찾아보세요.

찻잔
teacup

머리빗
comb

그믐달
crescent moon

바나나
banana

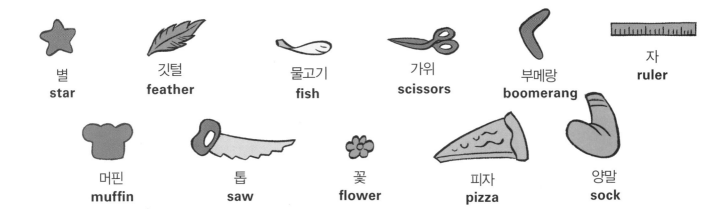

별
star

깃털
feather

물고기
fish

가위
scissors

부메랑
boomerang

자
ruler

머핀
muffin

톱
saw

꽃
flower

피자
pizza

양말
sock

퍼즐 맞히기

아래 설명을 읽고 개들이 좋아하는 장난감을 알아맞혀 보세요.
그리고 개의 종류와 이름도 짝지어 보세요.
맞는 칸에는 O를 하고, 맞지 않는 칸에는 X를 하세요.

	러프	맥스	피피	스팟
신문				
개껌				
줄무늬 공				
빨간 공				
푸들				
테리어				
비글				
스패니얼				

- 러프는 비글이 좋아하는 줄무늬 공을 쫓지 않아요.
- 푸들은 돌돌 말은 신문지를 좋아해요.
- 스패니얼 맥스는 개껌을 씹고 있어요.
- 피피는 테리어가 아니에요. 그리고 동그란 물건을 좋아하지 않아요.

ILLUSTRATED BY DAVID COULSON

도전해 보세요!

복작복작 공항에 30개의 숨은 그림이 있대요.
하지만 어떤 그림이 숨어 있는지는 알 수 없어요.
자, 숨은그림찾기에 도전해 보세요!

ILLUSTRATED BY DARRYL COLLINS

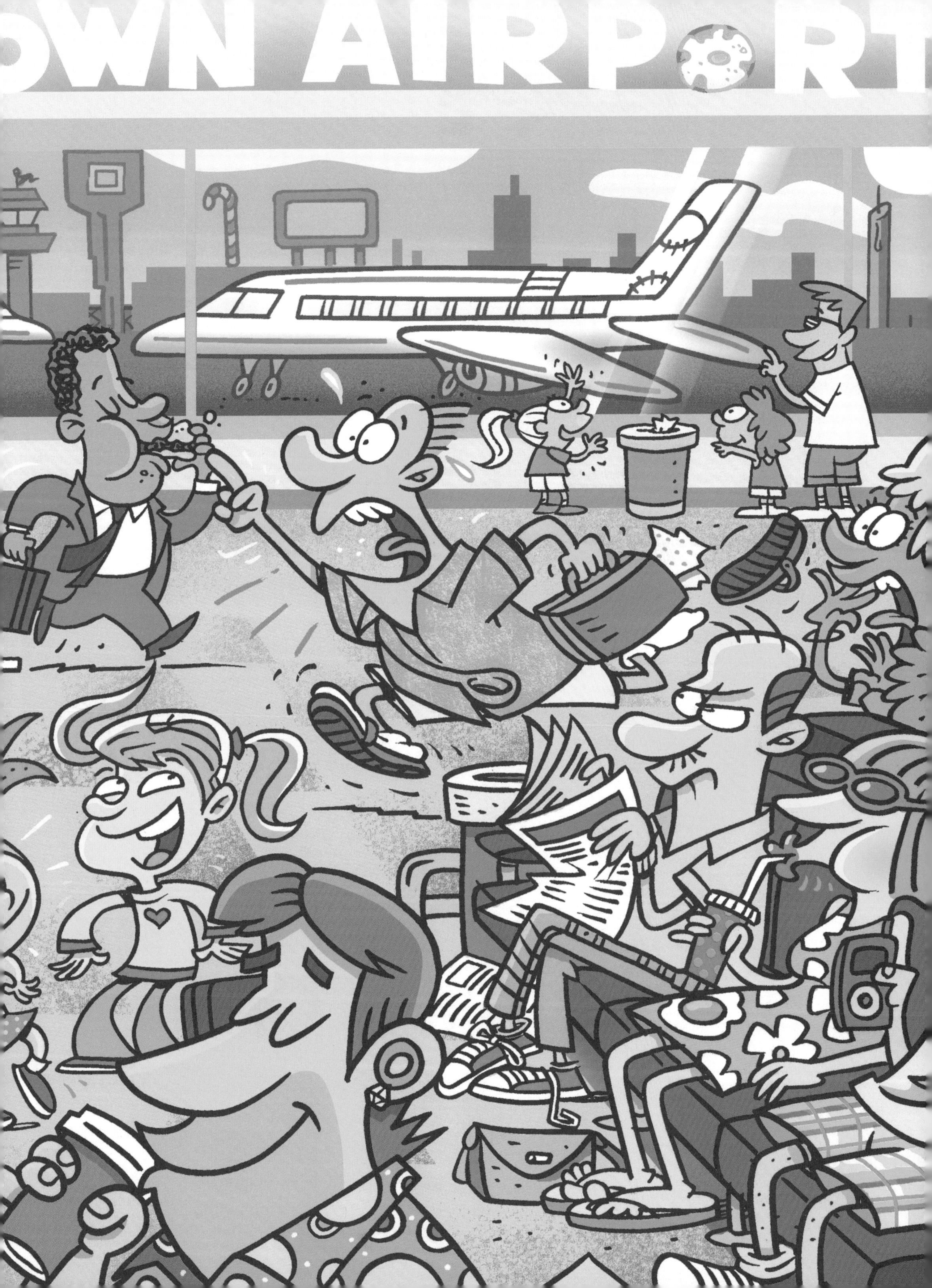
OWN AIRPORT

수상한 수족관

수족관에 물고기만 있는 게 아니네요.
눈을 크게 뜨고 숨은 그림을 찾아보세요.

ILLUSTRATED BY KEVIN ZIMMER

단추
button

클립
paper clip

안경
eyeglasses

외플
waffle cone

나뭇잎
leaf

말굽자석
magnet

피자
pizza

조각 오렌지
wedge of orange

12 골프채
golf club

아기 딸랑이
baby's rattle

볼링핀
bowling pin

돋보기
magnifying glass

포크
fork

바나나
banana

열쇠
key

볼링공
bowling ball

깃털
feather

칫솔
toothbrush

내가 만드는
숨은그림찾기

그림을 그려서 아래 편지봉투를 숨겨 보세요. 어떻게 해야 할지 잘 모르겠으면 위 그림을 참고하세요.

FRAME ILLUSTRATED BY MIKE MORAN

컴퓨터실

동물 친구들이 컴퓨터실에 모여 있어요.
교실 안에 숨겨진 20개의 자를
모두 찾아보세요.

생각해 보세요!

하루에 몇 번이나 컴퓨터로 작동되는 물건을 사용하나요?

잠긴 문을 열고 집 안으로 들어가려면 열쇠가 필요해요. 또 이메일을 보내려면 아이디와 암호를 입력해야 하지요. 열쇠와 암호는 어떤 공통점이 있는지 말해 보세요.

만일 여러분이 컴퓨터를 만든다면 어떤 일을 해 주는 컴퓨터를 만들고 싶은가요?

여러분의 머리는 컴퓨터가 하지 못하는 일을 할 수 있어요. 어떤 일들이 있을까요?

컴퓨터 키보드에 어떤 재미있는 기호를 추가하고 싶은가요?

마우스를 움직여서 화면에 그림을 그릴 수 있어요. 마우스는 크레용과 어떤 점이 비슷하고 어떤 점이 다른지 말해 보세요.

여러분이 알고 싶은 것을 모두 대답해 주는 마법의 컴퓨터가 있다고 상상해 보세요. 무엇을 묻고 싶은가요?

지금은 컴퓨터가 하지 못하는 일도 많아요. 하지만 10년 뒤에는 더 많은 일들을 할 수 있을 거예요. 10년 뒤에는 컴퓨터가 어떤 일들을 할 수 있을까요?

테더볼 경기  스티커 색칠하기

친구들끼리 공치기를 하고 있어요.
숨은 그림을 찾아 스티커를 붙인 후 예쁘게 색칠하세요.

*테더볼 : 기둥에 매단 공을 치고받는 2인용 경기

ILLUSTRATED BY DAVID COULSON

외계인의 지구 탐험

재즈

저길 봐, 저클!
잘못한 사람들을
벌주는 기계인가 봐!

사람들을 싱싱 묶은 채
위아래로 뱅글뱅글 빠르게 돌리고 있어.
얼마나 무서우면 모두 비명을 질러 댈까?
이 기계에 들어가 벌을 받고 나면
다시는 나쁜 짓을 안 하게 될 거야.

저클

그런데 저 사람들은
벌 받는 게 뭐가 좋다고
자꾸 줄을 서는 걸까?

숨은 그림을 찾아보세요.

신발
shoe

연필
pencil

털모자
knitted hat

톱
saw

서양장기 말
chess pawn

지퍼
zipper

바늘
needle

스프링
spring

부메랑
boomerang

압정
pushpin

반창고
**adhesive
bandage**

빨래집게
clothespin

아이스크림콘
**ice-cream
cone**

지렁이
worm

WRITTEN BY ANDREW BRIMAN;
ILLUSTRATED BY GIDEON KENDALL

19

숨은 조각 찾기

오른쪽 그림에서 아래 퍼즐 조각 일곱 개를 찾아보세요.

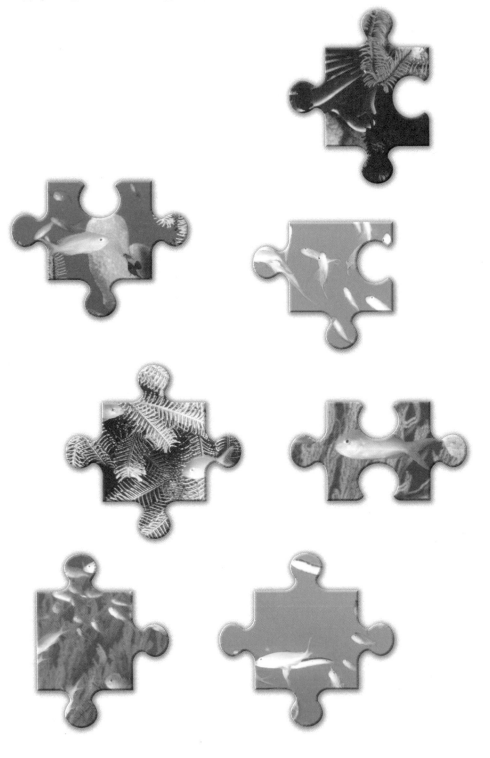

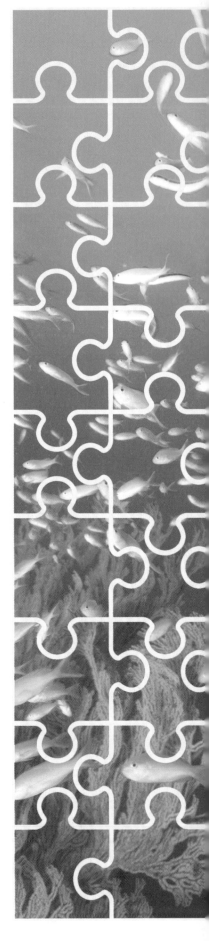

하이디와 지크
사라진 요요를 찾아라!

토요일, 제이든이 친구 하이디에게 전화했어요.

"하이디! 두 시간 후면 요요시합이 시작되는데, 요요를 찾을 수가 없어. 제발 도와줘!"

십 분 후, 하이디와 지크가 제이든의 집에 도착했어요.

그런데 제이든의 방이 엄청 지저분하네요.

이 잡동사니 가운데 제이든의 요요가 있어요.

지크는 코를 킁킁거리더니 과자를 찾아내 맛있게 먹고 있네요.

하이디는 재빨리 방 안을 둘러보았어요.

요요는 보이지 않았지만 침대 기둥에 걸려 있는 요요 끈을 발견했어요.

"제이든, 걱정 마! 금방 요요를 찾아 줄게."

하이디가 말했어요.

끈을 따라가 보세요. 그러면 제이든의 요요를 발견할 수 있어요.
그리고 숨겨진 다른 물건들도 찾아보세요.

우산
umbrella

머그잔
mug

물고기
fish

붓
paintbrush

반지
ring

압정
pushpin

도토리
acorn

열쇠
key

바나나
banana

클립
paper clip

부메랑
boomerang

편지봉투
envelope

빨대
drinking straw

다리미
iron

WRITTEN BY JULIE WINTERBOTTOM;
ILLUSTRATED BY CHUCK DILLON

명화들 사이에서 숨은 그림을 찾아 스티커를 붙인 후,
예쁘게 색칠하세요.

25

볼링 게임

볼링장에 숨은 그림을 찾아보세요.

단추
button

크레용
crayon

웃는 얼굴 모양
smiley face

자
ruler

바나나
banana

말발굽
horseshoe

지팡이
cane

애벌레
caterpillar

편지봉투
envelope

사다리
ladder

그믐달
crescent moon

올리브
olive

골프채
golf club

퍼즐 맞히기

네 명의 친구들이 볼링장에 갔어요.
친구들의 볼링공 색깔과 각각 몇 등을 했는지 알아맞혀 보세요.
맞는 칸에는 O를 하고, 맞지 않는 칸에는 X를 하세요.

	크리스털	매트	제닌	샘
파란색				
자홍색				
초록색				
주황색				
1등				
2등				
3등				
4등				

- 샘은 초록색 공을 가진 친구만 이겼어요.
- 자홍색 공을 가진 친구는 2등을 했어요.
- 제닌은 주황색을 좋아하지 않아요.
- 크리스털은 샘보다는 점수가 높지만 제닌보다는 점수가 낮아요.

입체 카드 만들기

준비물
- 색종이 • 가위 • 자
- 연필 • 풀 • 크레용이나 마커 펜

1 색종이를 반으로 접었다 펴세요.
접힌 선을 따라 가위로 자르면 두 장이 되지요.

2 자른 종이 한 장을 다시 반으로 접어요.
접힌 선에 수직으로 약 3센티미터 길이의 직선을
위아래로 두 개 그려요.
그린 선을 따라 가위로 잘라요.
(A그림을 참고하세요.)

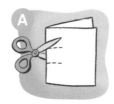

3 종이의 자른 부분을 안쪽으로 접어요.
(B그림을 참고하세요.)

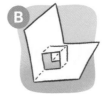

4 다른 색종이에 좋아하는 모양을 그리고
잘라 내세요. (C그림을 참고하세요.)

5 잘라 낸 모양을 D그림과 같이 풀로 붙여요.

6 풀이 완전히 마르면 카드를 접어요.
그리고 1번에서 남은 종이를 반으로 접은 후
그림 E와 같이 풀로 붙여요.

7 카드 앞면을 예쁘게 장식하고 안에
편지를 쓰면 완성!

피자
pizza

옷핀
safety pin

나팔
horn

칫솔
toothbrush

허리띠
belt

텐트
tent

동전
coin

양초
candle

프라이팬
frying pan

골프채
golf club

옷걸이
coat hanger

카우보이 모자
cowboy hat

물고기
fish

종
bell

옥수수
corn

손전등
flashlight

애완동물 가게

ILLUSTRATED BY MIKE MORAN

도미노
domino

비행접시
flying saucer

열쇠
key

파티 모자
party hat

머리빗
comb

나비넥타이
bow tie

그믐달
crescent moon

요리사 모자
chef's hat

올리브
olive

빨대
drinking straw

찻잔
teacup

카메라
camera

반지
ring

숟가락
spoon

30

내가 만드는
숨은그림찾기

그림을 그려서 아래 그믐달을 숨겨 보세요. 어떻게 해야 할지 잘 모르겠으면 위 그림을 참고하세요.

잃어버린 편지

우체국에 숨겨진 20개의 편지봉투를
모두 찾아보세요.

생각해 보세요!

우체국에서 편지 보내는 일 말고 또 어떤 일을 할 수 있을까요? 세 가지만 말해 보세요.

우체국이 생기기 전에는 어떻게 소식을 전했을까요?

여러분이 우체국 직원이라면, 포장하기 어렵고 배달하기 까다로운 물건은 무엇일까요?

편지를 보내고 싶은 사람이 있나요? 어떤 내용으로 편지를 쓸 건가요?

배달받은 물건들 중 가장 마음에 들었던 물건은 무엇인가요?

친구에게 보낼 카드를 만들어 보세요.

배달받은 물건을 누가 보냈는지 어떻게 알 수 있나요?

집배원 아저씨가 배달해 준 편지와 이메일의 비슷한 점은 무엇인가요? 또 다른 점은 무엇인가요?

우체국에서 부친 편지가 어떻게 친구에게 전달되는지 그 과정을 말해 보세요.

사람들이 우표를 모으는 까닭은 무엇일까요?

어떤 그림이 그려진 우표를 좋아하나요?

외계인의 지구 탐험

뽀족한 모자를 쓴 사람이 뽀족한 모자를 쓴 사람들에게 예쁜 상자를 주네!

그리고 상자를 가져온 사람은 상으로 먹을 것을 받았어.

빨리 와, 재츠! 우리도 상자를 찾으러 가자!

저클

숨은 그림을 찾아보세요.

물고기
fish

초승달
crescent moon

닭다리
drumstick

왕관
crown

샌드위치
sandwich

아파트
apartment building

스프링
spring

연필
pencil

사과
apple

나뭇잎
leaf

원뿔형 도로 표지
traffic cone

주사위
die

지렁이
worm

울타리
fence

WRITTEN BY ANDREW BRISMAN;
ILLUSTRATED BY GIDEON KENDALL

체육관에서 스티커 색칠하기

표범들이 체육관에서 열심히 운동하고 있어요.
여러분도 두뇌 운동을 해 볼까요?
숨은 그림을 찾아 스티커를 붙인 후 예쁘게 색칠하세요.

생쥐들의 발레 수업

발레 수업이 곧 시작될 모양이에요. 어서 숨은 그림을 찾아보세요.

톱해트(실크해트)
top hat

사다리
ladder

열쇠
key

핫도그
hot dog

웃는 얼굴 모양
smiley face

물고기
fish

무당벌레
ladybug

손목시계
wristwatch

라임
lime

연
kite

그믐달
crescent moon

도끼
ax

숟가락
spoon

음표
musical note

사과
apple

별
star

하이디와 지크
사라진 애벌레를 찾아라!

라이언은 뒷마당에서 애벌레 세 마리를 찾아내고는 퍼지, 오지, 듀크라는 이름을 지어 주었어요.

라이언은 과학시간에 이 애벌레들을 가져가기로 했어요.

그런데 학교 가는 길에 차 안에서 여동생 에밀리가 벌레가 든 상자를 엎고 말았어요.

그 바람에 애벌레들이 흩어졌지요. 라이언은 퍼지와 오지는 찾았지만 듀크를 찾지 못했어요.

때마침 하이디와 지크가 라이언이 탄 자동차 옆을 지나가고 있었어요.

라이언은 하이디에게 도움을 요청했어요.

"하이디, 듀크를 찾아줘. 듀크는 초록색 애벌레야. 먹는 것을 좋아하지."

"애벌레들은 나뭇잎을 좋아해. 차 안에는 나뭇잎들이 있으니 그 근처를 찾아보자."

하이디가 말했어요.

애벌레 듀크를 찾아보세요. 그리고 다른 숨은 그림들도 찾아보세요.

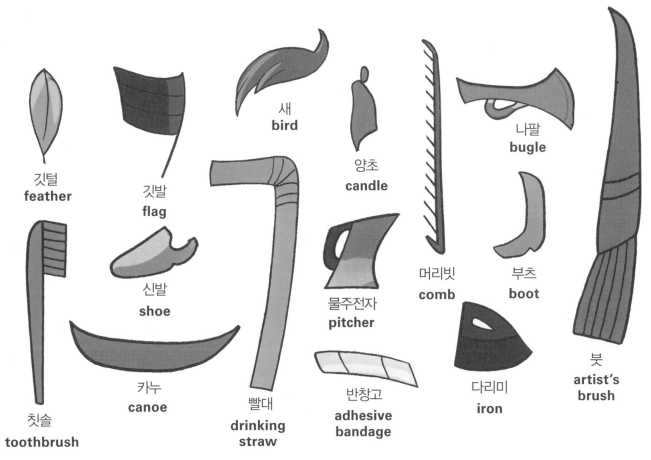

깃털
feather

깃발
flag

새
bird

양초
candle

나팔
bugle

신발
shoe

물주전자
pitcher

머리빗
comb

부츠
boot

칫솔
toothbrush

카누
canoe

빨대
drinking straw

반창고
adhesive bandage

다리미
iron

붓
artist's brush

WRITTEN BY JULIE WINTERBOTTOM;
ILLUSTRATED BY CHUCK DILLON

도전해 보세요!

공원에 30개의 숨은 그림이 있대요.
하지만 어떤 그림이 숨어 있는지는 알 수 없어요.
자, 숨은그림찾기에 도전해 보세요!

ILLUSTRATED BY PAULA BECKER

말풍선 채우기

치과 의사는 이빨을 치료하러 온 상어에게 어떤
말을 했고, 상어는 어떤 대답을 했을까요?
말풍선을 채운 후 숨은 그림을 찾아보세요.
바나나, 야구 모자, 책, 돋보기, 양말

44

ILLUSTRATED BY DAVID COULSON

4-5 선물 포장

6-7 정원 가꾸기

8-9 애견 카페

9 퍼즐 맞히기

러프 – 테리어, 빨간 공
맥스 – 스패니얼, 개껌
피피 – 푸들, 신문
스팟 – 비글, 줄무늬 공

10-11 도전해 보세요!

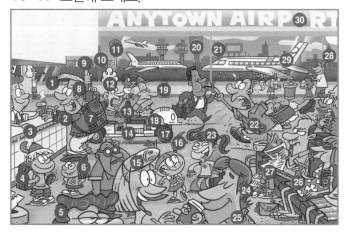

1 크레용	11 막대사탕	21 지팡이 모양 사탕
2 페인트붓	12 돋보기	22 숟가락
3 자	13 클립	23 바나나
4 말발굽	14 칫솔	24 반지
5 종	15 물고기	25 찻잔
6 포크	16 그믐달	26 달걀 프라이
7 머리빗	17 단추	27 하키스틱
8 피자	18 헬멧	28 양초
9 편지봉투	19 꽃병	29 양말
10 바늘	20 열쇠	30 도넛

정답

12 수상한 수족관

14-15 컴퓨터실

16-17 테더볼 경기

18-19 외계인의 지구 탐험

20-21 숨은 조각 찾기

22-23 하이디와 지크, 사라진 요요를 찾아라!

24-25 미술관에서

26-27 볼링 게임

27 퍼즐 맞히기

크리스털 – 자홍색, 2등
매트 – 초록색, 4등
제닌 – 파란색, 1등
샘 – 주황색, 3등

28-29 입체 카드 만들기

30 애완동물 가게

32-33 잃어버린 편지

34-35 외계인의 지구 탐험

36-37 체육관에서

38-39 생쥐들의 발레 수업

40-41 하이디와 지크,
사라진 애벌레를 찾아라!

42-43 도전해 보세요!

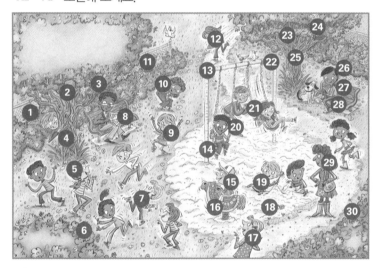

1 막대사탕	11 브로콜리	21 애벌레
2 아이스크림콘	12 깔때기	22 크레용
3 가위	13 소금통	23 조각 파이
4 낚싯바늘	14 자	24 뼈다귀
5 그믐달	15 포크	25 줄넘기
6 서양배	16 허리띠	26 찻잔
7 피자	17 바나나	27 붓
8 연필	18 반지	28 숟가락
9 왕관	19 손전등	29 사과
10 달걀 프라이	20 편지봉투	30 하트

44 말풍선 채우기

스티커 페이지를 잘라 내어 사용하세요.

정원 가꾸기 6–7쪽

단추
button

머리빗
comb

연
kite

조각 레몬
wedge of lemon

찻잔
teacup

조각 파이
slice of pie

연필
pencil

막대사탕
lollipop

자
ruler

글러브
baseball glove

편지봉투
envelope

피자
pizza

물고기
fish

테더볼 경기 16–17쪽

머리빗
comb

바나나
banana

버섯
mushroom

당근
carrot

나비
butterfly

스위치
light switch

피클
pickle

장갑
glove

골프채
golf club

팝콘
popcorn

물고기
fish

태양
sun

부메랑
boomerang

조각 파이
slice of pie